Mondstaub

und

Ascheregen

Eine lyrische

Seelenreise

Claudia Willmes

Herstellung und Verlag
BoD – Books on Demand, Norderstedt

ISBN 9783748160342

Wo niemals strahlt
der Sonne Schein,
der Mond nicht lacht
und keine Sterne funkeln,
dort werden wir einst weilen
und selbst das Licht uns sein.

Dieses Buch widme ich allen,
die ich im Herzen trage,
insbesondere
meinem Sohn Philipp
und
meiner Tochter Anna,
die mich zum Schreiben inspiriert hat

Mondstaub und Ascheregen,ein Gedichtband, der den Leser mitnimmt auf eine lyrische Seelenreise durch Licht und Schatten. Er ist eine emotionale Begegnung mit Erinnerungen, Erfahrungen, mit Sehnsüchten und Hoffnungen,er überrascht mit seiner Vielseitigkeit und durch die Experimentierfreude der Autorin. Ihre Gedichte sind schonungslos, ehrlich, sie verführen und berühren. Sie folgen keinem bestimmten Muster, was diese Sammlung poetischer Texte in der Form möglicherweise einzigartig macht. Mit diesem Büchlein gewährt Ihnen die Autorin tiefe Einblicke in ihr bewegtes Seelenleben. Vielleicht finden auch Sie sich, liebe Leserin, lieber Leser in dem ein oder anderen Text wieder und es beschert Ihnen ein Leseerlebnis der besonderen Art.

Gewagt

Aus des Schreibers spitzer Feder

Ergießt sich der Gedanke

Auf ein weißes Blatt Papier

Nun ruht er dort

In schwarzen Lettern

Den auszusprechen

Er nie wagte

Brennt auf der Seel' ihm

Nimmermehr

Der Dichtwicht

Du setzt dich hernieder,
zu schreiben ein Gedicht,
doch findest den Schlüssel nicht
zu den gewichtigen Worten,
kannst sie gerade nicht orten.

Du möchtest deine düsteren Gedanken beschreiben,
diese gar mit Worten aus deinem Kopf vertreiben.
Sie haben sich dort so festgesetzt,
sich mit deiner wunden Seele vernetzt.

Doch wie soll sie je gesunden?
Du hast die Blockade noch nicht überwunden.
Was, wenn der Zustand nun so bliebe?
Nichts diese Gefühle jemals vertriebe?

Plötzlich spricht der Dichtwicht zu dir:
„Törichtes Menschenkind,
was tust du bloß hier?
Du bist vom Leid ja so besessen,
hast mich darüber ganz vergessen!

Belohnen solltest du deine Sinne
wieder mit den schönen Dingen,
nur Liebe kann den Schmerz bezwingen.
Das Leben ist so lebenswert,
wenn man nicht stets
mit Angst und Groll es nährt."

Auf einmal wird dir klar,
was er da sagt, das ist so wahr.
„All das Schöne und Gute
verankert an Herzens Orte,
dies zu beschreiben, lieber Dichtwicht,
dafür schenke mir heute die Worte!"

Meine Worte

Meine Worte

Abgeprallt an dir

Gleichwie die Brandung an rauem Fels

Unzensiert

Im Spiel der Gewalten

Schwingen sie sich empor

Wie das Sandkorn

Getragen von Winden

Noch bevor die Wellen es

Reißen

Spalten

Entschwinden

Dich nicht mehr erreichen

Meine Worte

Verhallt

In Raum und Zeit

Verbünden sich

Mit der Unendlichkeit

Doch du bist endlich

Deine Seele verfängt sich

In den Stricken deines Ego

Gleichsam meine Worte
Stilles Begreifen
Um den Schimmer Hoffnung
Den ich horte

Wie ein Buch ohne Seiten
Ein Orchester ohne Geigen
Ein Gemälde ohne Farben
Stummes Ertragen
Weicht der Erkenntnis
Wahrhaft' Gestalt
Letztendlich verglüht
In flücht'gem Bedauern

Meine Worte
Einst gesprochen
So schmerzlich
An dir abgeprallt
Aufgebrochen
Zu den Sternen
Unumkehrbar
Ihr sanftes Echo widerhallt
Unsterblich
Im Chorus der
Abermilliarden Seelen

Bei einer Tasse Kaffee

So sitze ich in meiner Stube
bei einer Tasse heißen Kaffee
und gaff' vor mich hin.
Das Kinn gestützt in eine Hand,
verdrossen starre ich
gegen weißgetünchte Wand,
vergieße ein paar Tränen.
Mag nicht erwähnen,
dass allen Mut ich verlor,
als ich dich erkor,
für mein Glück verantwortlich zu sein.
Doch beschämt hock' ich nun hier,
denn du sagtest mir,
dass du mich nicht lieben kannst.
Drum verschanz' ich mich
in meinen vier Wänden,
umklammere fest mit beiden Händen
die warme Tasse Kaffee,
denn mein Halt braucht Gestalt,
höre dem Regen zu,
sein rhythmisches Prasseln
schenkt mir die innere Ruh.

So weiß ich doch, ich bin bereit,

dir zu verzeih'n, ganz sonderbar,

denn eine Sache wird mir klar,

das Glück liegt nur in mir allein!

Drum verlach' ich den Regen,

nehme an ihn als Segen,

genieße einen Schluck vom heißen Kaffee.

Chaos leben

Besonnenheit
Sinnlos' Bestreben
Chaos leben
Meisterlich
Herz wütet
Hütet schmerzliches Verlangen
Gefangen in lodernden Flammen
Sie höhlen es aus
Verzehren es feierlich

Gefühle narren mich
Unweigerlich
Türmen sich auf
Zu meinen Füßen
Ich stolpere über Stolz
In Kisten verpackt
An die Türschwelle gebracht
Falle über Sehnsucht
Verschnürt in Päckchen
Kein Fleckchen freier Raum
Spießrutenlauf
Emotionen drohen
Umzingeln mich
Dämonen
Wimmeln in den Ecken

Kein Verstecken

Dreh mich im Kreise rund

Schlag' gegen Wände

Hände wund

Poltere durch Schicksals Hallen

Stolpere in Wirrsal Fallen

Die listig lauern

Kein Bedauern

Für mein wimmernd wummernd Herz

Im Rhythmus meiner Symphonie

In Melancholie

Herausgewunden unter Tränen

Gefunden endlich

Einen Platz zum Ruh'n

Stolz und Sehnsucht sind verschickt

Wunden notdürftig geflickt

Ich sitze da

Besitze die Ruh'

Höre der Stille zu

Für einen Wimpernschlagmoment

Bändige hungriges Temperament

Spüre das Feuer

Fühle den Frust

Streit- und Kampfeslust

Stück um Stück

Hol' rasch ich zurück

Die Kisten und Päckchen

Heiße sie wieder willkommen

Ganz unbesonnen

Denn nichts haucht mehr mir Leben ein

Als im Chaos zu sein

Des Herzens Macht

Was ist es bloß,
das mich so plagt,
mir meine Leichtigkeit versagt,
haben mich deine Worte gar verletzt?
Ich versetze mich in deine Lage,
frage mich selbst,
wo ist da der Sinn,
wo ist mein Selbstbewusstsein hin?
Ich spinn' mir was im Kopf zurecht,
doch ist's nicht echt,
was er mir sagt,
ich frag ihn besser gar nicht erst,
mit Verlaub
stell' ich mich taub,
denn ich hasse seine Endlosphrasen,
in diesen lähmenden Verlustangstphasen.
Ich warte ab,
was mein Herz erspürt,
es führt mich zur rechten Sicht!
So sprich mir gut zu,
damit ich verstehe,
was ich übersehe.

Trotz meiner Verletzlichkeit
bin ich bereit
dich anzuhören.

Störende Gedanken drängen sich auf,
verwirren meinen Gefühlsverlauf.
Doch die Falle schnappt nicht zu,
ich setze mich nieder,
ganz in Ruh,
ich atme ein,
ich atme aus,
bringe mich runter,
hol' mich daraus.

Ein Blick in den Spiegel,
ich lächle und
schnapp' mir den Tiegel
mit roter Farbe,
male auf spiegelnd' Fläche
ein großes Herz.
Spreche leise mir
Liebesbeweise
auf liebevolle Art und Weise.

Du trittst hinzu,

blickst ganz erstaunt,

noch immer missgelaunt.

Ich wende mich dir zu

und im Nu

ziert rote Farbe deine Nasenspitze.

Ich witzle und kitzle

ein Lachen aus dir heraus

und so wendet sich das Blatt,

ich überlasse der Liebe die Macht,

mit Bedacht

Herz wacht,

Kopf aus!

Der Humor

Grenzenlos bin ich

Bedingungslos

Interessant und provokant

Spontan und blumig bunt

Setze die Masken auf

Richte die Scheinwerfer aus

Male Grinsen in Gesichter

Zaubere glanzvolle Strahlelichter

In die dunkelsten Ecken

Will mich nicht verstecken

Hinter Trübsal und Alltagszwecken

Bin kreativ

Naiv

Gar primitiv

So zeig' ich mich

Demonstrativ

Ich durchbreche die Matrix

Trickse sie aus

Drehe meinen eigenen Film

Werd' mit Ironie und Witz ihn füllen

Bühne frei

Für Wohlfühl-Arzenei

Vergessen sei all der Schmerz

Den dir diese Welt beschert

Das Unbeschwert verwehrt

Eure Welt

Sie scheint mir stets verrückter

Bedrückter

So entrücke ich dich ihr

Umso entzückter

Für den Moment

Das ist mein Talent

Ich bin dein Lebenselixier

Sorgsam drum bewahre mich dir

Ich schreite kühn voran

Ich bezwinge

Erklimme

Verdrießlich' Geister

Begeistere

Stecke an

Als' teile mich mit jedem gern

Dem es gefällt

Denn tut es arg mir

Laune machen

Sie zu verlachen

Diese Welt

Hallo, Gott!

Hallo, Gott,
sag mal „piep!",
bist du wohl so lieb?
Als kleines Zeichen nur,
dass es dich gibt.

Ziellos streif' ich durch staubige Straßen,
die graue Fassaden auffraßen,
einst mal Farbe besaßen.
Alles Grün verschwunden,
ich schwimme meine Runden,
durch Bewusstseins tiefe Wunden.
Menschen kommen mir entgegen,
huschen freudlos durch ihr Leben,
stets in rascherem Bestreben,
sich wiederzubeleben,
indem sie sich dem Konsum hingeben.
Niemand bemerkt mich,
keiner bestärkt mich,
erklärt sich,
ehrt dich.

Hallo, Gott,

puste mal,

huste mal,

schleudere einen Feuerstrahl,

ganz egal!

Vielleicht hast du uns längst aufgegeben,

die wir gefangen in unserem Streben,

verstrickt wie Maschen und Fäden,

in die kläglich' Kultur,

die wir pflegen.

So ziehen wir rastlos unsere Bahnen,

verstecken uns hinter Kleidern und Namen,

säen nur nutzlosen Samen.

Um seiner Existenz betrogen,

kein Spross windet sich je nach oben,

armselig' Erbe

für die kommenden Generationen.

Wir fließen weiter im Strom

der wandelnden Toten.

Hallo, Gott,

sag mal „piep!",

damit das, was mich innerlich trieb,

mir irgendwie doch Hoffnung gibt.

Bitte, sei doch so lieb!

Karussell

Alles dreht sich

Leben lebt sich

Gleichwie im Karussell

Gänzlich gemächlich

Gar rostig ruckelnd

Mal schwindelig schnell

Sodann hüpft es

Schlüpft es vorbei

Auf und nieder

Immer wieder

Rundherum

Dideldum

Rückwärts

Seitwärts

Geradeaus

Raus aus dem Trott

Hals über Kopf

Ganz flott

Reitet wie blind

Dem Wind entgegen

Das Kunterbunt

Es rauscht vorbei

So bunt

Wie allerlei Gemüse

Die Füße

Sie baumeln

Über Baumwipfeln

Taumeln

In der Brise

Grooven und swingen

Springen zu Seite

Winken dir zu

Das Karussell

Es schraubt sich hoch und höher

Schneller treibt's und trägt's dich

Himmelwärts

Am Gestell hörst rostig Stäbe knacken

Wirfst den Kopf in den Nacken

Nacktes Vergnügen

Gipfelt in Ekstase

Der Zauber des Moments

Er hält dich gefangen

Mit hochroten Wangen

Der Blick verklärt

Unbeschwert

Raum und Zeit enthebend

Dem Leben entschwebend

Bebend

Hebt und senkt sich die Welt

Solang'

Wie das Licht noch blinkt

Langsam

Die Musik ausklingt

Behutsam

Es zu Boden dich bringt

Gelassen

Ausschwingen lassen

Die Euphorie

Sie schwingt noch nach

Für eine Weil'

Ereilt dich dann

Die Muße wieder

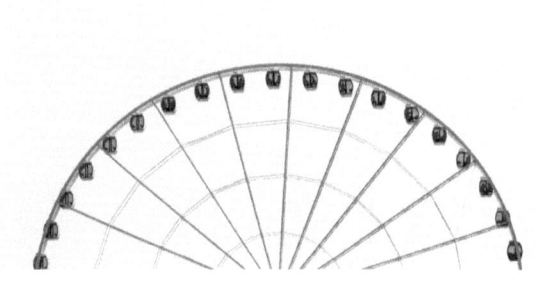

Für Dich

Lege deine Trauer
In meine liebend' Hände
Ich möchte sie tragen für dich
Sie sanft halten
Sie wärmend umschließen
Und hüten für dich
Solang' bis die Zeit
Ihr zarte Flügel verleiht
Bis eines Tages du mir sagst
Lass sie los
Für mich

Fernweh

Versenkt
Im Blau der Tiefe
In Pastellfarben getränkt
Gebettet in Meeres Muschel
Geschmiegt an mein Gesicht
Erahne der Wellen Gischt
Und in des Ohres Labyrinth
Dringt Meeres zartes Rauschen
Erklingt der Ferne Ruf
So flehend
Lockend

Wehmutstage

Wenn ein Tag
Voller Wehmut sich neigt
Sich leise legt
In den Kelch der Orchidee
Eingebettet
In die Sanftheit der Nacht
Erlösen die Träume ihn
Von der Mühsal Last
Fortgetragen
Auf den Schwingen der Zeit
In das Reich
Der Erinnerungen
Auf ewig vor Anker liegend
Im Hafen der Sehnsüchte
Schlummernd
In ihrem süßen Duft

Die Tür

Dort steht er nun, so

zaghaft,

zögerlich,

im Schatten dieser Tür,

etwas Verlockendes

haftet an ihr,

lockte ihn unweigerlich.

Gezimmert aus altem Pappelholz,

von eigen Hand,

präsentiert sie sich ihm stolz

in ihrer Verschlossenheit.

Kleine Risse in der Fassade,

abgeblättert hier und da die Farbe,

verleiht ihr den Charme

von Vergänglichkeit.

Was hält sie im Innern verborgen,

Licht, Lachen

oder Sorgen?

Er steht auf der Schwelle,

tritt auf der Stelle,

erhoben die Hand

zum Klopfen bereit,

befreit ihr Öffnen ihn

aus seiner Zögerlichkeit.

Lächelnd' Gesicht erscheint

zwischen den Rahmen,

umrahmt vom Kranz der Lampe Licht.

Dicht tritt er heran,

ihn umfängt die Wärme.

Er lärmt nicht,

wartet still,

riecht ihren Duft,

süß, wie Honigbrot,

sein Blick befangen,

flehend.

Liebend' Arme erlösen

aus der Not,

heißen ihn willkommen,

umfangen,

beschämen ihn.

Benommen sinkt er schließlich nieder,

wider seiner Stolzes Macht.

All der Streit,

er sei vergessen,

Unmut er hat besessen

jenseits der Tür.

Sperrt ihn nun aus

für alle Zeit,

denn hier, bei ihr,

ist sein Zuhaus'.

Jener Augenblick

Fernab der Straßen,
ganz eng beieinand',
wir zwei Liebenden saßen.
Güldene Sonnenstrahlen
tanzten auf unseren Nasen,
zauberten bunte Tupfen
in Gesicht und Haaren,
umringt von schillernden Seifenblasen,
wie trunken gen Himmel schaukelnd.

Vögel zwitscherten melodisch,
nach Worten kein Verlangen.
Der Klang der Glocken aus der Fern',
so melancholisch,
hält mein Herz gefangen
hier an friedvoll' Ort.

Diese Zweisamkeitsmomente
tarnen sich perfekt,
jedwedes Bangen
wie zugedeckt.

Wünscht',

die Zeit würde nie verrinnen,

denn tief in mir drinnen

mag Heilung beginnen,

jenseits einer Welt,

kränkelnd

und von Sinnen.

Wahrhaft leben,

für ewig

gen Himmel streben

in einer dieser Seifenblasen,

weich und wohlig eingebettet

mit dir.

Wollt' ich doch endlos mit dir schweben,

nichts trieb mich zur Eile,

alsdann jemand begann,

mir zur Seiten Laub zu fegen.

Spürt' des Rechens Eisen ritzen

an der Bank,

auf der ich sitze,

zuvor in Träumerei versank,

mit Blick auf den verzierten Stein,

in dessen marmorn fein Geschnitze

mit Tau behaft'

dein Name prangt.

Bedauern in des Mannes Blick,

ich möge verzeihen,

sein Missgeschick.

Ich lass' ein „Ade" und Wehmut zurück,

gleichwohl lächelnd,

schlendernd

entlang der Gräber Reihen,

dankbar

für jenen gestohlenen Augenblick.

Der tränende Baum

Einst suchte mich heim
ein lebendiger Traum,
ich nahm an
die Gestalt von einem Baum.
Schlüpfte in einer Silberweide Kleid
in edlen Farben,
so prächtig und erhaben.

Ich war von großer Statur,
die Natur verneigte sich vor mir.
Allerlei Getier
durchkämmte mein Geäst,
die Eule bereitete ihr Nest
in meinem knorrigen Stamm.
Dann und wann
gesellte sich das Eichhorn dazu,
versteckte manches Korn im Nu
unter meinen Wurzelstock,
purzelte durch Zweige,
lugte keck ums Eck,
versteckte sich vor manchem Feinde.

Viele Winde rüttelten an mir,
schüttelten mein Laub.
Mitunter
versteckte sich der Igel
darunter,
wenn der Herbstwind fegte
durch meine wiegende Krone.
Meine Wurzeln reichten weit,
durchbrachen fruchtbaren Boden,
er hielt den Samen schon bereit
für allerlei bunte Exoten.

Jedoch allein
stand ich im einst'gen Tann,
verschwunden
all' verwandt' Genossen,
die dem Ackerland zum Opfer fielen,
zum Zwecke niederer Ziele
durch achtlos' Menschenhand.
Tränen von Harz,
stumm vergossen,
durchtränkten mein raues Gewand,
drum trat oft ich an
die innere Reise,
denn in mir drinnen reifte leise
heilbringende Stille.

So genoss ich mein Sein
mit jeder Faser,
denn ungewiss des Schicksals Lauf,
auch ich werd' einmal tragen
mein letztes Laub.

Schwarz noch war die Nacht
als ich erwacht',
ich fühlt' wie der Baum
im verblassenden Traum.

Der Ostwind

Der Ostwind träge
Treibt lila Wolkenfetzen
Vor sich her
Derweil
Sacht bebend
Schmeicheln seine Laute
Zart geflüstert
Meinem Ohr
Er haucht mir
Sein beschwingtes Wesen
In die Haare
Umsäuselt kitzelnd
Meine Nase
Trägt den Duft mit sich
Vom Flieder
Legt sich sanft wühlend
Unter das Gefieder
Mit wehenden Ärmeln
Umarmt er mich kühlend
Berührt all meine Sinne
Inniglich
Lässt fröstelnd
Erschaudern mich

Das Ahornblatt

Das Ahornblatt,
es hüpft im Wind,
gleichwie im Tanz
das unbekümmerte Kind.
Purpurrot verziert und weich gezackt,
ein Luftzug hat es sich gepackt.
Schau, wie es im Wirbel flittert
und im Flug unbändig zittert.
Feingliedrig, verletzlich nackt,
schwingt's sich empor
zu seinem letzten Akt,
bis es wedelnd niedersinkt,
alsdann die letzte Bö abklingt
und es sich lautlos legt
auf den Asphalt,
verschwindet dort
im Bordsteinspalt.
Ein Hauch von Daseinszeit verstreicht,
bis alles Leben aus ihm weicht.
Das Blatt,
es ward nie mehr gesehen
und an des Astes verwaistem Platz
wird bald ein neuer Spross entstehen.

Von Löwenzahn und Pusteblume

Still stehst du am Wegesrand,

ganz unscheinbar und klein,

ein gelber Fleck im Grün.

Gern würdest du die Rose sein,

stolz in voller Pracht erblüh'n,

in gepflegten Vorgärten gedeihen,

umschmeichelt von der Sonne Licht.

Doch bald schon findet dich die Hummel,

folgt deiner zarten Spur,

lässt sich brummend nieder,

labt sich wohl an dir.

Immer heller strahlst du nun

und auf die eine Hummel

folgt eine ganze Schar.

So verstreicht ein flücht'ger Sommer

es neigt sich bald das Jahr

und rasch ist's an der Zeit,

zu schließen nun dein Blütenkleid.

Spürst in dir die Kräfte weichen,

doch wirst noch nicht vergehen,

bald erkennst auch du die Zeichen

und wirst verstehen.

Federleichte, flauschig' Schirmchen
zieren nun dein Haupt,
der Ostwind pustet sie hinfort,
schon bald darauf.

Anmutig schwebend,
in jede Himmelsrichtung strebend,
setzen sie behutsam auf,
während du an deine Bestimmung glaubst.
Spürst die grenzenlose Freiheit,
denn die Samen sind ein Teil von dir
und du stehst nackt nun hier,
nicht mehr schön anzusehen,
jedoch sei dir gewiss,
dieses kleine Wunder
wird wieder dir geschehen.

Vom Geben und Nehmen

An sattgrün verziertem Natursteingemäuer
rinnt Wasser gemächlich herab.
Zerfurcht der Fels vom klirrenden Frost
gleicht er einem sanften, reglosen Ungeheuer.
Taufrisch bahnt es sich seinen Weg
geduldig durch flauschige Moose,
ausgebremst von Halmen und Stielen
der Buschwindrosen,
die durstig von ihm kosten.
Fließend windet's Nass sich vorbei
an zartgelben Butterblumen,
zieht tiefe, schmale Gräben,
bis es über die Kante lugt und lautlos fällt,
wie ein Vorhang aus silbrigen Fäden.
Prasselnd dringt es ein
in die flache Wassermulde,
spritzt schäumend empor in winz'gen Fontänen,
malt in fliehende Feuchte
den schillernden Bogen,
während die heiße Mittagssonne es gierig leckt
vom nasskalten Boden,
in einem immerwährenden Kreislauf
von Geben und Nehmen.

Silbern

Der volle Mond
malt silbrige Farben
in irdische Lande,
sein mystischer Schein
lässt erstrahlen sie
in seinem Glanze.

Er zaubert helle Silberfäden hinein,
die sich stürzen von Berges Gipfeln,
getaucht wie in edles Metall, so rein,
sich ergießen über Silberweiden Wipfeln,
sie bitten zum letzten Tanze.
Die Sterne, sie blinzeln dazu im Takt
und alles Getier erscheint in feierlicher Tracht,
zu dieser königlichen Walküre.

Silbern leuchtende Ströme sich winden
wie Schlangen durch steiles Gebirge,
in von Ufern gerahmte Wannen münden,
gefüllt mit Wasser, wie flüssiges Blei
und die Welt übt sich in Stille,
alles ruht wie unter einer zarten Hülle,
versunken in Träumerei.

Memoiren einer Mutter

In meiner Hängematte liegend,

wiegend,

schaukle ich

hin und her und

hin und wieder

gaukle ich

mir Bilder vor

aus vergangener Zeit,

weit vor dieser.

Träume,

inmitten derer ich gefangen,

münden in der Ferne,

malen Bilder vom Meer

getaucht in Sonne,

zaubern Funken tanzender Sterne

in wogendes Türkis,

gleich einer Decke

aus samtweichem Vlies,

wärmt meine Wangen.

Den Wellen entgegen

streben die Füße und Zehen,

einfach dort stehen,

will mich nicht rühren,

nur spüren.

Kleine, feuchte Kinderhand,

zart sie die meine fand,

sanft ich sie drückte.

Verzückte Äuglein,

gerichtet auf mein Gesicht,

spiegeln das sanfte, azurblaue Licht.

Der Iris' Kranz

bestäubt mit Tupfen,

wie Pudersand,

willkürlich gestreut,

tanzen in Blickes' Glanz,

getränkt in kindlich' Vertrauen

so leuchtend klar,

dem Himmel so nah!

Möwen kreisen in schneeweißen Röckchen

kreischend über meinem Haupt.

Der Laut nicht dringt

bis an mein Ohr,

denn lieblich klingt,

wie Himmelsglöckchen,

süßes Lachen aus Kindes' Mund

und rührt so tief mein mütterlich' Herz,

zu jener Stund',

an jenem Ort,

erfüllt in vollkommenem Sein.

Wolkenschleier setzen Akzente

an fernem Horizont.

Ein Boot mit bunt lackiertem Bug,

geschmeidig gleitet es durch die Flut.

Der Welle Gischt umspielt eure Beine,

jauchzend empfangt ihr das kühle Nass.

Aus eifrig' Händchen wandern Kieselsteine

bunt und schimmernd in die meinen,

sie meine Finger fest umschließen,

wie einen teuren Schatz.

Tiefe Verbundenheit genießen

mit allen Sinnen,

aufbewahren und verschließen

an Herzens' trautem Platz.

Die Gedanken noch bei euch ruhen

in Wehmut und in Stolz.

Eure Füße längst entwachsen sind

den winz'gen Kinderschuhen.

Zurück im Hier und Jetzt,
noch immer sanft wiegend,
liegend,
halte in Händen ich sie fest,
die funkelnden Kieselsteine.

Hey, mein Clown

Hey, mein Clown,
hab' Vertrau'n,
krall dich fest
an meinem Saum,
hattest einen üblen Traum.
Hast leis' geweint,
du scheinst verwirrt,
verirrt hat sich dein Lachen.
Wachen denn die Englein nicht
über deinen Schlaf?
Ich schnäuz' dir die Nase,
mein Hase,
drücke dich fest,
wieg' dich im Arm.
Zu später Stund'
vernahm ich einen letzten Seufzer,
zitternd,
bibbernd,
aus deinem süßen Mund.
Rasch pust' ich die Dämonen weg
unter deiner Decke,
necke,
verschrecke sie
mit meiner endlosen Liebe für dich.

Ich scherze,
herze dich,
du lächelst wieder
vorsichtig.

Liegst nun in deinem Himmelbett,
warm und wohlig zugedeckt,
ich streife eine Locke, keck,
aus deinem zarten Gesicht.
So schlafe selig,
kleiner Wicht,
fürchte nichts,
sei bereit,
befreit
von Düsternis,
denn hell strahlt nun
in deinem Herzen Licht!

Niemals

Dein Herzschlag mir so nah und doch so fern,

drum träumt' ich dich zurück

in meinen warmen Schoß.

Mein, vom selben Blute, fleischgeworden Stern,

vergesse niemals

deiner Füßchen sanften Stoß.

In kein erlesen' Wort

könnt' das Gefühl ich kleiden,

dieser innigsten Verbundenheit,

dich, mein Kind, je loszulassen,

bin ich niemals ganz bereit.

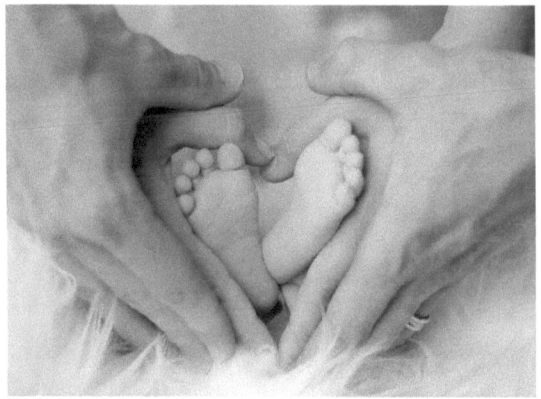

Oh weh, mein Schatz

Oh weh, mein Schatz,
auf einen Satz
nehm' ich mal Platz
und hoff',
es ist okay.
Scheinst ganz verwirrt,
hast dich im Leben verirrt.
So erzähl's mir doch, ganz ungeniert,
haben deine Freunde dich
nicht aufgefangen in der Not?
Es bot sich mir ein trauriges Bild,
hast geflucht und gehadert mit dir,
hemmungslos wild.
Rücke herüber zu mir,
wenn du mich lässt,
dann drück' ich dich ganz fest
an meine mütterliche Brust,
lass' ihn raus, all den Frust.
Sei unbefangen,
ich küss' dir die Wangen,
auch wenn du kein Kind mehr bist,
bleibst immer nur für mich
die Kleine,
die Meine.

Sieh genau hin,

denn tief in mir drin,

erkennst auch du den Sinn.

Kummer und Schmerz

machen dir schwer das Herz.

Doch jene Erfahrungen werden dir nützen,

um dich selbst davor zu schützen,

vor Leichtsinn und Unachtsamkeit.

Gewiss hält die Zeit

auch für dich hier bereit

einen Platz, der dir gebührt,

zu dem das Schicksal dich eines Tages führt.

Drum bleib' auf der Hut,

verlier' nie den Mut.

Gefühle sind ein Auf und Nieder,

doch immer wieder

nach frostigen Zeiten,

mit blattlosen Zweigen,

werden sich Vögel am Horizont zeigen

und auch im grauen Winterkleid

hält der Kelch die Blüte bereit.

Wohl tragen die Gezeiten dich hinfort

an einen fernen, dir unbekannten Ort,

doch sei unbesorgt,

ich lasse dich niemals allein,

ich werde stets dein Schatten sein,

der dich begleitet bis zum letzten Tag,

auch wenn ich einst liege

gebettet im Grab

und du, mein Kind,

zählst deine Wunden und Narben,

so stelle dem Himmel deine Fragen.

Dann lausche dem Vogel,

dem Meer und dem Wind,

sie erzählen dir bestimmt,

was ich dir noch

zu sagen habe.

Zerbrochen

Immer nur dich, mein geliebtes Kind,
Sehe ich beim Anblick der verwaisten Weide
Abseits des Waldes
Im Sturme heftig wiegend
Neigt sich ihre Krone tief
So schwer das Gewicht

Zwischen braun welkem Laub
Erahne ich dich
Angesammelt in den Rinnsteinen der Gehwege
Hinfort gespült
Mit dem nächsten Regen

Ich erkenne dich
Im blassen gesplitterten Gesicht
Einer zerbrochenen Porzellanpuppe
Begreife dich
Im stumpfen Blick ihrer leblosen Augen

Dich fühle ich
Im wehklagenden Ruf des Rabenvogels
Schmecke dich
Im bitteren Fruchtfleisch der Mispel

In jedem Seufzer des Windes

Vernehme ich dich

Suche dich

Im ausgetrockneten Flussbett

In längst versiegten Wasserfällen

An jedem stillgelegten Bahnhof

Finde ich dich

Wartend auf den einen Zug

Mit einem ungelösten Ticket

Zurück ins Leben

Plötzlich...

...

Und ganz plötzlich

Stehst du

An der Schwelle zum Winter

In deinem geblümten Sommerkleid,

Kniest

An den vereisten Ufern

Einer verebbten,

Bittersüßen Verheißung

Und frierst dir die Seele aus dem Leib

Kleine Traumtänzerin

Schau nur, mein liebes Kind,

siehst du den Falter flattern im Wind?

Er trägt deine Träume himmelwärts,

tanzt Pirouetten, dreht Schleifen

in dein lockiges Haar,

fliegt durch die Wolken in das Abendrot.

Der seidenmatte Glanz seiner Flügel

lässt deine Seele schimmern, so bunt.

Fühlst du seine grenzenlose Freiheit in dir?

Schließe die Augen, werde eins mit ihm.

Spiele mit den kühlen Gräsern

zwischen den Zehen,

schmecke den süßen Nektar der Blüten

auf deinen Lippen,

atme noch einmal die Düfte des scheidenden Tages.

Tanze, schwinge dein Kleidchen

und dreh dich voll Übermut im Kreis herum.

Blicke hinauf zu den rosaroten Wolken,

sie saugen deine Träume in sich auf,

tragen sie weiter durch die Lande.

So summe dem Wind das Regenlied,

mögen sie sich ergießen über die Einöden

einsamer, verirrter Seelen,

über allem, was da dürstet nach Leben.

Lasse sie die verkümmerten Herzen tränken

all der verlorenen und vergessenen Kinder,

sodass daraus ein großer Traum erwachse

zu einer einzigen schillernden Hoffnungsblüte.

Sehnsucht

Ich schlendere den unberührten Strand entlang,
spüre den warmen, feinkörnigen Sand
unter meinen nackten Füßen.
Möwen tippeln vorwitzig auf mich zu,
als wollten sie meine Ankunft begrüßen.
Schäumendes Nass der Wellen
umspielt meiner Füße Spuren,
füllt sie wieder auf,
lässt sie wieder fluten,
sodass nichts mehr bleibt.

Am Horizont erscheint der Umriss einer Insel,
etwas Dunst verschleiert die Sicht,
wie ein Gemälde, erschaffen durch des Malers Pinsel,
ein regloser Schatten im seidigen Licht.
Meinen Weg zieren kleine beigebraune Muscheln,
ich nehme sie behutsam auf,
sie erinnern an das Muster deines Hemdes,
mit dem Flamingo-Sticker darauf
und ich weine.
Will einen letzten Blick auf die Muscheln erhaschen,
bevor sie sich endgültig kuscheln
in meine feuchten, knittrigen Taschen.

Ich betrete den hölzernen Steg,

der über das Wasser führt, oberhalb der Felsen,

Pelikane hocken darunter und recken ihre Hälse,

stürzen sich waghalsig in die wogende See.

Eine Weile sitze ich am Rand,

spüre das warme, raue Holz,

über mir kreisen die Möwen, stolz,

in ihrem grauweißen Gewand

und ich horche in meines Herzens Melodie.

Ich lasse die Beine baumeln

im Takt der aufbegehrenden Gischt,

fühle, wie sich alles um mich herum

in mein Bewusstsein mischt,

lausche dem Rauschen,

spür' sich's aufbauschen

zu einer einzigen Symphonie.

Die Dämmerung kriecht herauf und ich laufe zurück,

jetzt schneller.

Die Sonne, stolz und groß, wie ein glutroter Teller,

präsentiert sich mir in ihrer ganzen Pracht.

Mich fröstelt und Sehnsucht umklammert mein Herz

mit aller Macht.

So schön diese Momente am Meer auch sind,

du fehlst mir so sehr,

schreie lautlos diese Worte

hinaus in den Wind.

Kleine Meeresmuschel

Ein Spielball der Gezeiten
der du bist,
im salz'gen Element
du nichts vermisst.
Deine Schale schmücken
farbige Rillen und Schwielen,
bist nur eine unter vielen,
als eines Tages dich die Strömung fängt,
wirbelnd Richtung Strand dich lenkt.
Kommst dort zum Liegen,
noch ganz verschnupft,
die Sonne dich liebevoll trocken tupft.
Als dann im weißen Sand
feuchte Kinderhand dich fand,
dich aufnahm und verbannt',
weit fort
von trautem Ort,
dir eine neue Heimat gab,
nachdem du ahnungslos
den Luftraum betrat'st,
als blinder Passagier.

Kleine Meeresmuschel, zart,
findest dich wieder
in stilvollem Bad,
in einer offenen Vitrine,
als stilles Souvenir.

Emotionen...

...Treibhölzern gleich,
gestrandet im Niemandsland.
Verwittert und mürbe genagt
trieben sie im aufgewühlten Meer,
angesammelt über die Jahre.
Blank und nackt
ergaben sie sich den Strömungen,
sichtbar an die Oberfläche gespült.
Angeschwemmt
im Auf und Ab der Gezeiten,
kommen sie zum Erliegen
an jenem vergessenen Ort,
wo sie verdorren in der Sonne Glut,
oder, eingeholt von der nächsten Flut,
weiter treiben...

Heimat

Raue, kühle Heimat, mein,
zu deinem ew'gen Kinde
hast du mich einst erkor'n.
Deine blauen Ufer winken mir,
deine tausend Gipfel verneigen sich vor mir.
Wenn ich wandere durch dein grünes Herz,
dann spür' ich, wie es leis' pulsiert,
dein Atem sanft in mir vibriert.
Dann fühl' ich mich in dir geborgen.

Abschied

Wenn die Blätter welk
und die Schatten länger werden,
dann muss ich gehen,
bevor meine Sonne erlischt
und meine Seele erfriert.
Oder reichen meine Wurzeln zu tief?
Ich bin ein Kind der Meere,
gleichwie der blasse Mond.
Jedoch benötigt er kein Heim.
Drum folge ich dem Pfad der Träume,
finde Sonne, Mond und Meer in mir
und lasse mich unter den Sternen nieder.

Schwermut

Mühsam erwachend,

im Antlitz des anbrechenden Tages,

begrüße ich diesen in Schweigen flehend:

Der du geboren aus dunkelster Nacht,

streichle meine zitternden Hände,

liebkose meine mondblassen Wangen.

Mein Sehnen gilt der Sonne Zartheit,

doch Morgenröte bleibt verborgen

hinter dunstig dichtem Wolkenschilde.

Der Schmerz pocht gegen Herzens Wand,

sein stummer Schrei raubt mir die Sinne.

Drum erweise dich mir gnädig,

offenbare ein Stück vom Horizont,

sende einen Strahl der Hoffnung aus,

bevor ich nur noch Schatten bin

und mich in dir verliere.

Zwischenwelten

Wie fühlt sich dein Leben an

Zwischen den Räumen

Am Rande der Zeit

Jenseits der Farben

Was sieht das blinde Auge

In der Finsternis

Welche Worte formt

Der stumme Mund

Was hören taube Ohren

In der Stille

Dein Herz hämmert

Ein Schritt

Ein Wagnis

In deiner Welt

Zwischen den Räumen

Am Rande der Zeit

Jenseits der Farben

Des Lebens müde

Gleise winden sich
durch die von Wildwuchs gerahmte Ebene,
gleich einer stählernen Schlange.
Durch die Mittagssonne aufgeheizt,
sodass der Stahl beinahe glüht,
verwandelt sich des Landschafts Bild
in eine trockene Savanne.
Im spärlichen Gras vereinzelt ein Löwenzahn blüht
und manche Wicke sich rekelt
durch das verwilderte Gestrüpp.

Er weilt am Rande der Schienen,
sein Blick schweift vor und zurück,
kein Laut dringt an sein Ohr,
nichts deutet hin, auf einen sich nähernden Zug.
Seine Schritte tragen ihn schlurfend voran,
sein Haupt ist gesenkt,
er ist wahrlich ein gebrochener Mann.
In seinen Augen diese Schwere
in seinem Herzen nur quälende Leere.

Er folgt dem Pfad der Gleise,

einzelne Bäume werfen ihre Schatten zu Boden,

Riesen gleich, ragen sie stolz empor,

wie willkürlich aus dem Erdreich gezogen.

Des Kuckucks Ruf schallt monoton

durch die einsame Stille

und irgendwo in der Nähe

zirpst leise eine Grille.

Der alte Mann,

er lüftet kurz seinen verschlissenen Hut,

verlassen hat ihn nicht nur der Lebensmut.

Seine Erinnerung, so scheint's,

will auch ihm versagen,

denn der ferne Bahnhof ist verwaist

und das schon seit Jahren.

Kein Zug wird schnaufend rollen durch das Tal

und obwie des Alten Schicksal sich erfüllt,

an anderem Orte, ein anderes Mal,

davon erzählt der Wind allein,

denn nur er wird sein Zeuge sein.

Leere

Die einsame Parkbank
lädt ein zum Verweilen.
Unter kahlen Bäumen,
gedankenverloren,
sitzt ein gebrochener Mann
in seinem verschlissenen Mantel,
mit leerem Magen,
leeren Hoffnungen,
leeren Händen.
Die Vögel wollen gefüttert werden,
doch alles,
was er mit ihnen teilen kann,
ist Zeit.

Erlösung

Wenn Blitze zucken, laut der Donner grollt
und kalt das Blut durch seine Adern rollt,
dann wird die Nacht ihm lang,
dann schlägt sein Herz so bang.

Wenn Träume düst're Schatten projizieren,
Ängste sich im Kopf manifestieren,
dann wird die Nacht ihm lang,
dann schlägt sein Herz so bang.

Wenn Schwermut schlaflos neben ihm weilt,
sich brüderlich mit ihm das Kissen teilt,
dann wird die Nacht ihm lang,
dann schlägt sein Herz so bang.

Sein Stern dort oben unerreichbar scheint,
die Seele einsam Eiskristalle weint,
dann ist zu reisen sie bereit,
setzt jäh ein Ende seinem Leid.

In dieser Nacht ist ihm nicht bang,
sein sehnend' Herz, es schlägt nicht lang'.

Unsterblich

Inmitten der Nacht
folgte ich deinem stummen Ruf.
Nun stehe ich andächtig hier,
blicke hinunter auf das gerahmte Stück Erde,
lausche dem Raunen des Windes
in den Wipfeln der Weiden,
entzünde ein paar Kerzen.
Ihre Flammen spiegeln sich wider
in dem blankpolierten Stein,
als täte sich mir ein Fenster auf,
eingelassen in den dunklen Marmor
mit Sicht auf die Sterne.
Ein jeder funkelt und tanzt
auf seine ganz eigene Weise
und plötzlich
werde ich deiner unsterblichen Seele
gewahr.

Traumes Tod

Verklärt verliert sich dein Blick in der Ferne,
saugt sich in die Weiten des Horizonts.
Die Zeit, sie schwimmt träge vorbei,
treibt haltlos im leeren Raum, ohne Eile.
Staubpartikel schweben schwerelos aufwärts
vor deinem inneren Auge und du schüttelst
die Kissen deines Schlafgemachs auf,
in die du deine Sehnsüchte bettest,
noch bevor die Nacht anbricht.
Der aufsteigende Mond beäugt dich neugierig,
gar mitleidig, durch das geöffnete Fenster
und du stehst reglos in seinem Lichtkegel,
gibst dich ihm in deiner ganzen Nacktheit preis.
Die Kälte der Einsamkeit kriecht dir unter die Haut
und du atmest Eiskristalle
gegen die undurchdringbare Barriere
deines aufflammenden Schmerzes.
Erinnerungen haben sich eingenistet
in dein wirres Haar, wie aufgescheuchte Fledermäuse.
Du schüttelst es heftig und triefend tropfen sie
herab auf deine nackten Füße,

bilden eine zähflüssige Lache,

die zu flüchten versucht

in die winzigen Ritzen des kalten Dielenbodens

deiner sterbenden Hoffnungen.

Die Nacht saugt alles begierig in sich auf

und der Mond, er stiehlt dir deinen Traum

noch bevor der Tag anbricht,

entflieht mit ihm in die Morgenröte.

Seelenpartner

Wo ist die stille Seele,

die Ihresgleichen sucht?

Die unstillbare Sehnsucht

tief im Herzen ruht.

Weil ich mich nach Liebe verzehre,

damit sie sich um ein Vielfaches vermehre!

Und werden wir uns einst finden,

können wir alles überwinden.

Durch raue Stürme und Gezeiten

werden wir uns stets begleiten,

sprengen Hindernisse und Schranken

durch die Kraft unserer Gedanken.

Geistern gleich, in blütenweißem Gewande,

wandeln wir durch kosmische Lande,

bei Licht und auch bei Dunkelheit,

der Mond hält uns die Kerzen bereit,

wie das Schwert und wie das Schilde,

führen sie uns sicher durch unwegsame Gefilde.

Wir werden wie Kinder sein,

tanzend, hüpfend auf einem Bein.

Gemeinsam durchschwimmen wir Nebellücken,

springen über Wolkenbrücken,

fliegen mit den Tauben,

dürfen alles glauben.

Überwinden werden wir Raum und Zeit,

werden uns folgen bis in den Tod,

bis in die Ewigkeit.

In meinen Träumen noch immer suche ich dich,

jedoch gefunden habe ich mich.

Dornröschenschlaf

Ein stiller Morgen erwacht zum Leben,

begrüßt blinzelnd den anbrechenden Tag,

die aufgehende Sonne

trocknet die Spuren vom nächtlichen Regen

und die ersten Strahlen kitzeln das schlafende Gras.

Nebelschwaden fliehen geisterhaft durch das Tal,

lösen sich auf im Nichts.

Der Horizont, noch trüb und fahl,

malt ein Bild mystischen Lichts.

Du liegst neben mir
und dein Kuss erweckt auch mich zum Leben,
mutet an wie das Öffnen knirschender Fensterläden.
Über die Jahre angesammelter Staub
darf endlich entfliehen
und eine Welt voller Farben
schimmert durch die Gardinen.

Der süße Duft strömt herein
von Zitrus- und Mandelblüte,
streichelt meine Sinne in liebevoller Güte,
ich schiebe den flatternden Stoff zur Seite,
er gibt die Sicht frei in die unendliche Weite.

Die Sonne nun vollends die Anhöhe erklommen,
hat all die nächtlichen Schatten hinfort genommen
und in deinem sanften, erlösenden Blick,
erhasch' ich eine Ahnung von Frieden und Glück.

73

Seelenfarben

Wie könnt' die Wehmut ich vertreiben?
Mein Herz, es wiegt gar doch so schwer.
Möcht' lieblich Worte dir gern schreiben,
jedoch mein Kopf, er ist so leer.

Ach wär' ich doch wie Wolken, leicht,
der Hoffnung Hände mir gereicht.
Ich malt' Seelenfarben auf's Papier,
als Flaschenpost dann senden dir.

Den Pinsel taucht' ich in die Wiese
für ein lebhaft, sattes Grün,
hielt ihn einfach in die Brise,
das tiefste Blau sollt' so entsteh'n.

Führt' meine Finger durch Lavendel,
ein zartes Purpur würd' erblühen,
ließ' sie gleiten über Segel,
im reinsten Weiß könnt'st du mich fühlen.

Der Sonne Licht würde ich stehlen,
ein strahlend' Gelb dein Aug' erfreut',
auch etwas Glanz dürfte nicht fehlen,
mit Sternenstaub auf's Blatt gestreut.

So vermöcht' ich in lebendig' Bildern
meine Gefühle für dich schildern,
um dir mein Herz zu offenbaren,
uns jenen Zauber zu bewahren!

Verjubelt

Heute werfe ich
Mein schönstes Lachen
Zum Fenster hinaus
Mit vollen Händen verjubeln
Möchte ich diese Kostbarkeit
Wähne mich am Ende des Tages
Um ein Vielfaches reicher
Wenn du es zurück
An meine Türschwelle trägst

Mondstaub und Ascheregen

Einmal nur

will ich durch der Meere Wellen gleiten,

auf ihrem höchsten Kamm gen Himmel reiten,

mit dir die Segel hissen,

um zärtlich dich dann,

im Antlitz der Sonne zu küssen.

Einmal

mit dir den Geist der Winde beschwören,

des nachts den silbernen Mond betören,

den Wolken entfliehen mit wehenden Fahnen,

in glückseligem Rausch die Sterne umarmen.

Die Gipfel der höchsten Berge besteigen,

durch Meeres Tiefen den Gesang der Wale begleiten,

dich durch das Tor zu fantastischen Welten führen,

zu zweit diesen magischen Zauber spüren.

Einmal noch

will ich dich zur Leidenschaft verführen,

sodass sich im Tanz unsere Seelen berühren,

taumelnd, schwebend,

Licht und Schatten durchleben,

in Mondstaub und im Ascheregen.

Klangperlen

Beschützend
drückst du mich fest
an deine wärmende Brust.
Unter dem weiten Laternenbogen
wiegst du mich
in deinen starken Armen,
im Lichtkegel
meiner wieder erstrahlten Hoffnung.
Heilsame Worte
fallen von deinen Lippen,
wie Tautropfen
in mein zartgesponnenes Netz
aus Sehnsuchtsgedanken.
Ich fädle sie auf,
wie die Perlen einer Kette,
hänge sie an die Pforte
zu meinen Erinnerungen,
einem Windspiel gleich,
dessen lieblicher Klang
sie mir bei jedem Anschlag
zurück in mein Gedächtnis rufen,
zeitlos und rein.

Das Rätsel

Mensch,

du fragst mich, WAS ich bin,

doch ich habe keine Antwort darauf,

denn ich erkenne mich nicht.

Du fragst mich, WO ich bin,

doch wie könnt' ich es wissen,

ich kann nicht sehen.

Du fragst mich, WIE ich bin,

leider bleibt es mir verborgen,

denn ich fühle nichts...

Jedoch suchst du nach mir,

dann wirst du mich an meinem Duft erkennen,

an meinen schillernden Farben,

an meiner magischen Kraft.

Und hast du mich gefunden,

dann sehe ich mich durch deine Augen,

fühle mich in deinem Herzen,

erkenne mich in deiner Güte.

Dann weiß ich,

ich bin LIEBE.

Liebe geht durch den Magen!?

Wenn Liebe durch den Magen geht,
wo geht sie dann wohl hin?
Da käme mir gleich ganz spontan
manch Kurioses in den Sinn.
Drum wollen wir das besser hier
erst gar nicht recht vertiefen,
sonst können wir unser Liebesglück
am End' nicht mehr genießen.
Doch frag' ich mich,
sollt' es tatsächlich nur
an meiner Kochkunst liegen,
dass wir uns seit geraumer Zeit
so zart und innig lieben?
Sprich's aus,
ich bin ganz Ohr,
spielst du mir gar Liebe vor?
Dass es dir wohl schmecken tut,
das zeigst' geräuschvoll mir stets gut.
Wenn das soll sein mir dein Liebesbeweis,
dann koch' ich für dich
nur noch Bohnen mit Reis!

Hymne

An deinen Wassern

Labe ich mich

Nähre mich

Von deinen fruchtbaren Böden

Umkreise deine Sonne

Ein ganzes Universum

Dein Odem haucht mir Leben ein

Denn Liebe bist du

Die Zeit

Seit der Mensch
die Zeit als feste Größe hat bestimmt,
sie Einfluss auf unser irdisches Leben nimmt.
Rätselhaft stellt sie sich uns dar,
wir nehmen sie ganz unterschiedlich wahr.
Während sie sich uns manches Mal
auf fliehende Weise zeigt,
sie oftmals sich nur tröpfchenweise neigt,
weil wir die Uhr nicht ständig anvisieren,
wenn wir uns im Moment verlieren
oder aber wir in Ungeduld hoffen,
sie möge rasch verrinnen,
endlich ein neuer Moment beginnen.
Man vermag sie weder spüren noch zu berühren
und dennoch ist sie stets gegenwärtig,
physikalisch unentbehrlich.
Immer vorwärts, nie zurück,
der Zeiger unaufhaltsam rückt,
stets nach rechts, niemals links herum
und man sinnt über die Frage nach dem „Warum".
Wer hat den Zweck einst wohl erfunden,
uns're Lebenszeit zu messen
in Sekunden, Minuten und Stunden?

Was geschähe,

drehte flugs der Zeiger sich links herum?

Würde das Leben sich rückwärts leben?

Machte es Sinn, diesen Umstand anzustreben?

Auch niemals darf der Zeiger ruhen, gar stehen,

was würde geschehen, wenn es doch passierte?

Eine höhere Macht die Weltuhr manipulierte?

Würden die Winde dann nicht mehr wehen?

Die Erde aufhören, sich zu drehen?

Drum man hier keine wertvolle Zeit verliert,

wird sie uns, ganz zivilisiert,

aufdiktiert.

Doch, könnt' man Zeit denn je verlieren?

Ist Muße gar als Verlust zu definieren?

Durchaus lässt sie sich verschwenden,

wenn wir versäumen,

sie sinnvoll zu verwenden

und während wir darüber philosophieren,

die Gegebenheiten genauer studieren,

verrinnt sie weiter uns, die Zeit

und im Raum die Frage bleibt.

Doch die Antwort darauf
du findest nie,
es ist indes nur Ironie,
denn nichts und niemand hält ihn auf,
unser aller Lebenslauf.

Schwarz oder Weiß

Wir haben uns

Unserem Schicksal ergeben

Auf Geheiß

Schwarz oder weiß

Die Illusion des Unbedingten

Will uns binden

Lässt uns unbemerkt erblinden

Wenn wir alle Optionen

In Achtsamkeit betten

Zeigt sich das Leben in vielen Facetten

Doch wirst du weiter

Nach Pfeifen tanzen

Dich hinter gängelnden Phrasen verschanzen

Dem Hinterfragen entsagen

In Gehorsam dich beschenken

Und unbewusst durch's Leben lenken

Lassen auf Geheiß

Dann begreif's

Schwarz oder weiß

Das ist der Preis

Befreit

Der Duft der Freiheit
Er lockte so süß
Mein eigen' Gefängnis
Ich verließ
Wie der Vogel
Erstmals entdeckt seine Flügel
Beschwingt und ohne Zügel
Durchsegle ich Gedankenwelten
Die von nun an
Nicht mehr gelten

Der Zeiten Melodie

Der Zeiten Melodie
begleitet mich
immerfort,
sie erklingt in mir
und schwingt mit jedem Schritt,
nimmt mein Herz in Besitz.
Sie durchdringt jede meiner Poren,
bringt jede Faser zum vibrieren,
folgt mir auf allen Pfaden,
wie ein treuer Hund.

Du bittersüße Melodie,
hauchst mir Wehmut ein,
manchmal quälst du mich arg,
sodass ich mir wünscht'
ich könnt' dich zertreten,
wie ein lästiges Insekt,
an den nächsten Haken hängen,
wie einen alten Hut
oder dich brennen sehen
in des Feuers Glut.

Doch ich bin das Instrument,
welches dich zum Klingen bringt,
was wäre ich ohne dich?
Gleich einem Piano,
das für immer verstummt.

Irgendwo

Irgendwo auf der Strecke
unserer gemeinsamen Reise
verlor ich dich
aus den Augen,
verlor ich dich
aus meinem Herzen,
wagte den Blick nicht zurück
und dein flehender Ruf
verhallte unter meinen Schritten,
verhallte im Echo der Zeit.

So manches Mal...

...klopfst du noch immer
an meiner Zeiten Tür,
stiehlst dich hinein in meine Gedanken,
nicht aus Hinterlist, nein,
weil ein Teil von mir
dich niemals leugnen kann.
Forderst die Minuten ein,
die ich dir widmen sollte,
löst Erinnerungen aus,
die sich in Fotoalben verewigen,
in Kalenderblätter eingravieren,
in Träume einnisten.

Doch sind es noch die meinen?
Bin ich noch die Frau jener Tage,
als Liebe mir war, wie ein Deal mit Klauseln?
Denn fand ich mich selbst erst,
nachdem die Sonne
meinen Schatten hinter mich warf,
als ich dem Pfad des Lichtes folgte.

Auf eigenen Füßen wandelnd,

frei im Willen,

lernte ich mit der Zeit

was es bedeutet,

bedingungslos zu lieben.

Entfaltung

Entblättert und entblößt stehe ich hier,

Sollt' ich vor Scham vergehen?

Doch meine Haut,

Sie atmet Stolz

Und meine Hände pflücken Freiheit.

Wie ein süße Frucht

Tropft sie zurück

In meine Seele.

Nachtgedanken

Dunkel bricht herein die Nacht,

doch rastlos lieg' ich wach,

drum tret' leis' ich hinaus

ins Halbrund meines Balkons.

Laute dringen herüber vom nahen Bach

und ich lausche seinem Rauschen,

es klingt mir monoton,

kein Rascheln im Wind,

kein Lärm der Straße

an meine Ohren dringt.

Verstummt ist der Vögel Gesang,

als hielt die Welt den Atem an.

Der volle Mond,

er prangt stolz über mir,

als wollt' er markieren

für mein Aug' sein Revier.

In seinem Antlitz ich verzag',

weil Schuld an meinem Herzen nagt.

Fühle mich machtlos und klein.

Mag sein, dass er mich gar hämisch verlacht,

weil ihm missfällt,

wie es auf Erden sich verhält.

Denn der Mensch,

missbrauchend seine Macht,

ist von seiner Herrschaft überzeugt,

drum er keine Mühen scheut,

zu geißeln die Natur,

so zeigt sich seine verwüstende Spur,

die ins eig'ne Verderben führt,

solang' er keinen Skrupel spürt.

Jedoch der Mond, als stiller Zeuge,

wird weiter existieren

und seine Runden zelebrieren.

So rufe flehend ich ihn an:

„Bin zum Sterben ich verdammt,

doch auch zum Leben,

so komm' du gnädig mir entgegen

und sprich,

wo komme ich her, wo gehe ich hin,

macht das Menschsein mir noch Sinn?"

Doch Luna hört mein Flehen nicht.

Sie grinst mich an nur,

breit und stur

und aus der Ferne schlägt

die Kirchturmuhr

zur vollen Stunde

und ich bete,

unsere Seelen

mögen gesunden.

Apokalypse

Rastlos laufe ich durch die unbefestigten Straßen
meiner quälenden Furcht,
wie barfuß über glühende Kohlen,
atme den Staub der Vergängnis.
Rostige Wegweiser führen mich vorbei
an Ruinen und Minenfeldern.
Trotz der erbarmungslosen Hitze
kriecht Kälte durch meine geschundenen Knochen
treibt mich schneller voran.
Lähmende Ohnmacht sitzt in Gestalt
von reglosen Krähen auf den Hochspannungsmasten
stillgelegter Erwartungen.
Anklagend schauen sie auf mich herab,
wie Richter in schwarzen Roben,
stumm beobachtend.
Dichte Rauchschwaden trüben meinen tränennassen Blick,
jeder weitere Schritt könnte mein letzter sein.
Da ist niemand der mich aufhält,
niemand, der Trost spendet.

Der Schrei des Adlers zerreißt plötzlich die Stille,
dringt mir bis ins Mark,
Einen Flügelschlag lang
verdunkelt sein Schatten die Sonne.

Zeitgleich werde ich von einer heftigen Windböe erfasst,
so als zerre sie zornig an mir
und mit einem einzigen tiefen Atemzug nur
dringt der Duft der Freiheit in meine Lungen,
überlagert den Geruch von Ruß und Verderb.

„Fliege voran, alter Freund",
rufe ich lautlos ihm hinterher,
„dir will ich folgen in die Fremde,
gestatte es meiner unstillbaren Sehnsucht nach Frieden
auf deinen Schwingen zu reiten
und trage sie weit hinaus
bis hinter den glutroten Horizont
meiner sterbenden Hoffnung!"
Ich vernehme seinen letzten heiseren Schrei,
sehe ihn als dunklen Fleck im Widerschein
eines gigantischen, aufsteigenden Feuerballs
aus meinem Blickfeld entschwinden,
bevor ich eintauche in die gnadenvolle Schwärze
eines traumlosen Schlafes.

Der Krieger

Einsamer Wanderer durch die Finsternis,
die Sonne dir die staubigen Stiefel küsst,
frohlockend offenbart dir dein Geschick.
Dein Blick gerichtet auf das wunde Fleisch,
es heilt.
Die Trommeln deiner Widersacher sind verstummt,
dein kühnes Schwert , blutbefleckt,
steckt wieder in der Scheide.
Der Sieg ist dein und heimwärts trägst du
deinen Knaben, unversehrt, gesund.

Den Hof erreichst du nur mit Müh,
noch früh ist es am Tage
und auf den Lippen bangend brennt
die eine Frage:
Bin am End' ich recht belohnt
und hat der Feind mein Weib verschont?
Die Erd' getränkt in Blut, so rot,
entgegen eilt dir nur der Tod.

Das Monster

Staubige Erde
getränkt in Blut,
um mich herum
nur Asche und Glut.

Welcher Hölle nur
bin ich entronnen,
hier, wo alles einst begonnen?
Das Monster entsprungen
dem menschlich' Verstand,
wird grausam geführt
von Menschenhand,
demonstriert seine Macht
gegenüber den Schwachen,
löscht alles aus,
sogar Kinderlachen.
Und dort, wo Leben füllte Räume,
begrub es unerfüllte Träume.
Was Gott einst liebevoll erschuf,
fort vom Segen,
hin zum Fluch.

Der Himmel sei Zeuge,

wenn die Schrift sich erfülle,

wenn nichts mehr bleibt,

außer Zeit und Stille.

Manchmal...

...wenn ich einsam bin,

spricht meine Seele zu mir.

Dann kriechen sie aus ihren Höhlen,

all die Ängste und verborgenen Sehnsüchte,

reißen alte Wunden auf,

nisten sich ein in meine Gedanken,

die feine Netze um sie weben,

sie einschließen, wie einen Kokon

und unaufhörlich nähren sie die Spinne,

um sie am Leben zu halten.

Manchmal,

wenn ich einsam bin,

sehne ich mich nach dir, der du mich trägst

auf starken Armen über den holprigen Pfad

meiner Abgründe,

mir keinen Blick mehr hinunter gewährst,

um der Falle zu entgehen.

Meinen Blick lenkst

in die Weiten meines Bewusstseins,

diesen festen Knoten in mir löst,

der mir den Atem raubt.

Manchmal,

wenn ich einsam bin,

erkenne ich mich selbst,

meine Schwäche, die mich lähmt,

wenn die Spinne ihr Gift

in mich hinein verströmt

und ich es wehrlos geschehen lasse,

um ihr die nötige Stärke zu verleihen.

Manchmal,

wenn ich einsam bin,

weiß ich, dass meine Seele zu mir spricht,

denn sie ist die Spinne, die ich nähre,

auch wenn es noch so schmerzlich ist.

Winter, weiche meinem Sehnen

Komm rasch, liebster Winter, ich lade dich ein
in meine heimeligen Gemächer.
Du frostige Schönheit, so schneie herein,
ich bitte dich schmeichelnd, nicht ohne List,
drum lasse traulich dich hier nieder.
Vor dem Kamin meiner brennenden Ungeduld
taue auf in ihrem tänzelnden Schein
und weiche gnädig meinem Sehnen
nach der Lerche lieblich' Liedern.

Mit allen Sinnen

Der erste Stern zeigt sich am Horizont,
ziert das Tor zu den unendlichen Weiten.
Einzelne Wolkenbäusche säumen ihn,
getränkt in zartes Rose´,
vom Wind chauffiert durch die abendliche Milde.
Ein Wildtauben Paar findet einen Nistplatz
in der alten Birke,
die ihre weitverzweigten Äste lang gen Himmel reckt.
Leise plätschert der ferne Bach,
das Eis ist längst geschmolzen.
Zwischen grauen Pflastersteinen
sprießt ein Maienblümchen
und atmet, wie ich, den Frühling.

Herbstbetrachtungen

Der Nordwind säuselt leise
den Herbstgruß dir ins Ohr
und federleicht treibt er
das Blattlaub vor sich her.
In den Gassen bellt ein Hund
und Vögel kreisen lautlos
im Nebelsonnenrund.

In der Ferne siehst du einen Drachen fliegen
und wünschtest, ebenso die Schwerkraft zu besiegen.
Zu segeln durch die Wolken, wie im Traum,
die Welt einmal von oben schau'n.
Die volle Herbstpracht neu entdecken,
einen Teppich voller Farbenflecken,
wie bunte Seelen auf der Reise,
oft liegt's in der Betrachtungsweise,
was im Kleinen wirkt recht unscheinbar,
im Großen strahlt, so wunderbar!

Der Baum des Lebens

Ich rücke nicht ab von dir,

steh' felsenfest,

weiche keinen Zentimeter.

Dein Blick fixiert den hellsten Stern

und sucht nach der Erlösung.

Dein Schluchzen vibriert unter meiner Haut,

trug der Wind mir zu,

viele tausend Male.

Deine Tränen tränkten und nährten mich,

über all die Jahre.

Meine zahlreichen Arme reichen nun weit,

berühren zart den hügligen Boden.

So flecht' sie zu Zöpfen

und bau' dir ein Nest,

schmieg' dich hinein,

wie ein junges Tier,

schließe die Augen,

vor Anbruch der Nacht.

Die Raben ziehen geduldig ihre Kreise.

Im Schutze meines Schattens

wiege ich dich,

singe ich dir mein Lullaby,

bin der Hüter deiner Seele,

bis zum letzten Atemzug.

Der Fluss des Lebens

Des nachts lieg' ich an deinen Ufern,
um zu ruh'n in deinem Schilfe,
tags stürz' ich mich gewagt
in deine Fluten.
Schwimme flussauf- und flussabwärts,
werfe mich kühn
der Strömung entgegen.
Doch wenn die Kräfte schwinden,
dann lasse ich mich treiben,
durch die Wellen
sanft mich schaukeln,
denn wohl wirst du mich leiten
bis ans Ziel.
Und weiß ich doch gewiss,
dass einst du wirst ein Grabstatt mir bereiten,
wirst mich spülen an ein fernes Ufer,
weich gebettet,
dann wird der Wind
mir säuselnd flüstern sein Ade,
die Vögel mir zum Abschied singen,
wenn zurück ich kehre
zu deinem Quell.

Ein Stück des Weges

Bitte geh' du mit mir
ein kurzes Stück des Weges nur,
hebe mich gern
auf deine starken Schultern,
denn meine Füße tragen schwer an mir.
Nimm meine kalten Hände
für einen Moment nur in die deinen,
mein wollener Mantel wärmt mich nicht.
Singe für mich eine kleine, zarte Weise,
drehe mich dazu im Kreise,
sodass ich wieder Leichtigkeit verspür'
und das Eis in meinem Innern taut,
alle Schwere aus mir strömt,
mein innerer Garten wieder blüht.
Dann lass' ich dich weiter deiner Wege ziehen,
pflücke zum Dank dir
Herzensblumen.

Wenn der Vorhang fällt

Wenn der Vorhang fällt
Und du die Bühne verlässt
Ohne Applaus
Gebeugt
Überzeugt
Dass du ein Versager bist
Aber nein
Bewahre den Schein
Du strebtest danach
Etwas Besseres zu sein
Doch das Leben applaudiert dir nicht
Es klatscht dir den Regen ins Gesicht
Peitscht dir die Wolken hinterher
Treibt dich ins raue tosende Meer
Du drohst zu ertrinken
Zu versinken im eigenen Sumpf
Dann kämpf' dich da raus
Ohne Applaus
Voll Sühne
Stehe aufrecht
Steige zurück
Auf die Bühne
Lerne das Leben!

Über die Autorin:

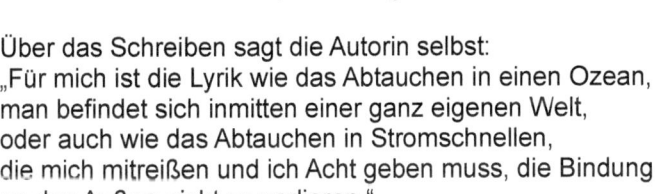

Claudia Willmes,
gebürtige Sauerländerin
und Mutter von mittlerweile
erwachsenen Zwillingen,
hatte schon in jungen Jahren
ihre Begeisterung für Bücher
und das Verfassen
eigener Geschichten und
poetischer Texte entdeckt.
Doch im geschäftigen Alltag
verlor sie ihre lyrische Ader aus den Augen
und entdeckte sie erst vor rund zwei Jahren wieder.
Dieser Band beinhaltet die Summe all ihrer in dieser Form
verarbeiteten Erlebnisse, Erfahrungen und Gedanken.

Über das Schreiben sagt die Autorin selbst:
„Für mich ist die Lyrik wie das Abtauchen in einen Ozean,
man befindet sich inmitten einer ganz eigenen Welt,
oder auch wie das Abtauchen in Stromschnellen,
die mich mitreißen und ich Acht geben muss, die Bindung
an das Außen nicht zu verlieren."

Mit der Veröffentlichung dieses Gedichtbandes erfüllt
sich die Autorin einen großen Herzenswunsch.